DON BOSCO

Tanja Draxler

Die 50 besten Spiele zum Durchatmen und Entspannen

für 6- bis 10-Jährige

DON BOSCO

MiniSpielothek

**Gerne nehmen wir Ihre Anregungen,
Wünsche, Kritik oder Fragen entgegen:**
Don Bosco Medien GmbH, Sieboldstraße 11, D-81669 München
anregungen@donbosco-medien.de
Servicetelefon +49(0)89 48008-341

Bibliografische Information der Deutschen Nationalbibliothek

Die Deutsche Nationalbibliothek verzeichnet diese Publikation in der Deutschen Nationalbibliografie; detaillierte bibliografische Daten sind im Internet über http://dnb.d-nb.de abrufbar.

klimaneutral gedruckt
www.klima-druck.de
ID-Nr. 23149729
bvdm.

1. Auflage 2024 / ISBN 978-3-7698-2569-5

www.donbosco-medien.de

Umschlag: Don Bosco Medien GmbH, München
Umschlaggrafik: Hanna Perelygina/stock.adobe.com
Layout: Alexandra Paulus
Satz: Don Bosco Medien GmbH, München
Druck: Don Bosco Druck & Design, Ursensollen
Gedruckt auf umweltfreundlichem Papier

Inhalt

Nichts bringt uns auf unserem Weg besser voran als eine Pause.

Elizabeth Barrett Browning

Entspannen über den Körper

Zeitlupentempo

Die Kinder stehen im Raum vor ihrem Stuhl. Die Spielleitung ist für alle gut sichtbar und macht unterschiedliche Bewegungen im Zeitlupentempo vor, wie zum Beispiel:

- Einmal um die eigene Achse drehen.
- Auf Zehenspitzen um den eigenen Tisch gehen.
- Auf den Stuhl setzen und wieder aufstehen.
- Den Rücken nach vorne beugen und wieder hochkommen.
- Eine Kniebeuge machen.

Die Kinder ahmen die Bewegungen möglichst genau im Zeitlupentempo nach. Eine körperliche Verlangsamung unserer Körperbewegungen bewirkt über Nervenleitungen eine kleine Verlangsamung der Hirnaktivität. Dies wird vom Gehirn für Regeneration genutzt. Zwischendurch die Bewegungen zu verlangsamen bringt Ruhe in den Klassenraum.

Varianten

Die Kinder gehen paarweise zusammen. Ein Kind macht die Bewegung im Zeitlupentempo vor, das andere Kind macht diese nach. Dann wird gewechselt. Die Kinder legen einen Gegenstand, wie z.B. ein Lineal auf ihren Kopf und versuchen dann die Bewegungen auszuführen, ohne dass der Gegenstand herunterfällt.

Material

ggfs. Lineal

Beim Frisör

Werden beim Frisör die Haare gewaschen, wird oftmals der Kopf angenehm massiert. Die Kinder stellen sich vor, sie bekommen diese angenehme Kopfmassage. Die Kinder sitzen auf ihrem Stuhl oder stellen sich entspannt im Raum auf. Sie massieren sich ihren Kopf, so wie es eben für sie angenehm ist. Wie fühlt es sich denn an, wenn wir zusätzlich sanft an unseren Haaren ziehen? Tatsächlich entspannt das Massieren der Kopfhaut und das Ziehen an den Haaren unser Nervensystem. Denn über unseren Kopf laufen eine Menge an Nervenbahnen. Unser Nervensystem wird angenehm stimuliert, wenn wir unseren Kopf massieren oder auch an unseren Haaren ziehen. Gerade wenn Ärger, Frust oder Unruhe da ist, führt uns das Ziehen der Haare in innere Ruhe und Entspannung.

Variante

Die Kinder gehen paarweise zusammen. Ein Kind sitzt auf dem Stuhl, das andere stellt sich hinter den Stuhl. Das stehende Kind spielt den Frisör, das sitzende Kind den Kunden. Nun werden die Haare gewaschen und die Kopfhaut massiert. Angenehme Entspannung tritt ein. Anschließend wird gewechselt.

Trommeln für gute Laune

Rechts-Links-Bewegungen verbinden unsere Gehirnhälften, regulieren das Nervensystem und helfen uns zwischendurch zu entspannen.
Mit den Händen getrommelt werden kann überall, wie zum Beispiel auf dem Tisch, auf den Oberschenkeln oder einem umgedrehten Schuhkarton. Wichtig ist, dass wir die linke und rechte Hand beim Trommeln abwechseln, um den gewünschten Effekt zu erzielen.
Die Spielleitung trommelt einen Rhythmus auf dem Tisch, den Oberschenkeln oder einem umgedrehten Schuhkarton vor. Die Kinder trommeln den Rhythmus nach.

Varianten

Die Kinder gehen paarweise zusammen. Ein Kind trommelt einen Rhythmus, das andere Kind trommelt ihn nach. Danach wird gewechselt.
Die Kinder gehen paarweise zusammen. Ein Kind schließt die Augen. Das andere Kind trommelt einen Rhythmus vor, das andere Kind versucht mit geschlossenen Augen den Rhythmus nach zu trommeln.

Material

ggfs. umgedrehter Schuhkarton oder Tisch

Waschmaschinen-Twist

Die Kinder stellen sich vor, sie stehen auf einer Waschmaschine, die den Schleudergang eingelegt hat. Was passiert? Der ganze Körper beginnt sich zu rütteln und zu schütteln. Die Kinder schütteln für ca. zwei Minuten ihren Körper. Das Schütteln ist eine einfache Übung mit großer Wirkung.

Über das Schütteln können wir Erleichterung verspüren und uns somit auch von Beengendem oder Überflüssigem befreien. Anspannungen und Stress können abgeschüttelt werden, eine Beruhigung des Nervensystems ist dadurch möglich. Danach fühlen wir uns so rein, wie die frisch gewaschene Wäsche aus der Waschmaschine.

Vulkanausbruch

Die Kinder trommeln auf dem Tisch, ihren Oberschenkeln oder einem umgedrehten Schuhkarton. Mit Hilfe der Trommelklänge, wird ein Vulkanausbruch nachgespielt. Die Kinder trommeln dazu im Rechts-Links-Rhythmus, um die Gehirnhälften zu verbinden und das Nervensystem zu regulieren.
Zuerst brodelt der Vulkan nur ein wenig, dann wird er immer lauter, bis er ausbricht. Dann erlischt er vielleicht auch wieder, bis ein nächster Ausbruch kommt. Oder spuckt er vielleicht auch einmal nur Asche?

Material

ggfs. umgedrehter Schuhkarton oder Tisch

Wo denn?

Die Kinder schließen ihre Augen. Ein Kind wird ausgewählt und darf sich durch den Raum bewegen. Die Kinder lauschen und verfolgen das Kind „blind“, in dem sie mit dem Finger seine Bewegungsrichtung verfolgen. Auf ein Zeichen der Spielleitung bleibt das Kind stehen. Alle anderen öffnen ihre Augen und schauen, ob sie auf das Kind zeigen. Nun wird ein anderes Kind ausgewählt, um sich durch den Raum zu bewegen.

Schiffe im Nebel

Die Kinder gehen paarweise zusammen. Ein Partner schließt die Augen, der andere führt den Blinden mit Handfassung durch den Raum. Danach lösen sie die Handfassung und der Blinde wird lediglich über akustische Reize mit der eigenen Stimme durch den Raum geführt.

Ich finde dich

Die Kinder gehen paarweise zusammen. Eines der beiden Kinder schließt seine Augen, während sich das andere von ihm entfernt. Das Kind, das sich entfernt hat, ruft nun sein Partnerkind. Blind läuft dieses los und versucht , den „Rufer“ zu finden. Wo ist er?

Wackelpudding

Die Spielleitung legt Musik ein. Die Kinder stellen sich nun vor, ihr Körper sei weich, wie ein Wackelpudding. Sie wackeln mit ihren Körper und bewegen ihre Gliedmaßen wie weicher Pudding. Die Spielleitung stoppt die Musik. Daraufhin bleiben die Kinder sofort wie versteinert stehen. Sobald die Musik wieder losgeht, verwandeln sie sich in Wackelpudding und machen wackelige Bewegungen zur Musik.

Variante

Ein Kind zeigt Wackelpudding-Bewegungen vor. Die anderen in der Gruppe machen die Bewegungen nach.

Material

Musik

Gut verwurzelt, wie ein Baum

Die Kinder stehen auf ihrem Platz. Die Meditation wird von der Spielleitung mit ruhiger Stimme angeleitet:

Du stehst mit deinen Füßen auf der Erde. Die Füße spüren den Boden...

Die Zehen des einen Fußes bewegen sich, sie kratzen vorsichtig am Boden... dann liegen sie ganz still.

Die Zehen des anderen Fußes bewegen sich, sie kratzen vorsichtig am Boden...dann liegen sie ganz still.

Beide Füße liegen still auf der Erde. Sie spüren die Erde unter sich.

Stell dir vor, du bist ein Baum, der auf einer Wiese steht. Du hast einen festen Stand. Deine Füße tragen dich, die Erde trägt dich...

Du spürst einen leichten Windhauch. Du wiegst dich ganz langsam nach rechts und nach links. Hin und her, ganz langsam. Auch wenn der Wind etwas kräftiger wird, fällt der Baum nicht um. Du bist gut über deine Füße mit der Erde verbunden. Der Wind spielt mit dir. Du schwankst nach vorn und zurück, hin und her.

Entspannen über den Atem

Atemrutschbahn

Die Kinder legen sich auf den Rücken oder setzen sich entspannt auf ihren Stuhl. Eine Hand legen sie auf ihren Bauch. Die Kinder sollen nun fühlen, wie sich beim Einatmen die Bauchdecke hebt und beim Ausatmen wieder senkt. Bei der Einatmung gehen sie in ihrer Vorstellung die Treppe einer Rutschbahn hinauf, bei der Ausatmung rutschen sie laaaange herunter. Das Rutschen/Ausatmen kann mit einem vereinbarten Laut verstärkt werden. „Uiiiiiii…"

11

Pferdeschnauben

Die muskuläre Lockerungsübung im Bereich der Kiefermuskulatur hilft zu entspannen.
Die Kinder setzen oder stellen sich aufrecht und locker hin. Der Unterkiefer wird locker gelassen. Die Kinder atmen tief ein und beim Ausatmen schnauben sie wie ein Pferd. „Bbbbbb-bbbb-rrrr...!“ Auch Pferde lassen damit Spannungen ab. Somit funktioniert es auch wunderbar bei uns. Die Kinder können versuchen kräftig zu schnauben, um Spannungen abzulassen. Gleich nochmal: mal kurz, mal lang, mal laut, mal leise... Einatmen und Schnauben.

Tipp

Will es mit dem Schnauben nicht so recht funktionieren, kann Abhilfe geschaffen werden, indem der Daumen und der Zeigefinger einer Hand während des Schnaubens sanft an beide Wangen gedrückt werden.

Strohhalm-Atmung

Jedes Kind erhält einen Strohhalm. Stehen keine Strohhalme zur Verfügung, funktioniert es auch ohne. Die Kinder umschließen mit ihren Lippen den Strohhalm oder formen ihre Lippen zu einem schönen Rund, so als würden ihre Lippen einen Strohhalm umschließen. Sie stellen sich vor, mit ihrem Strohhalm genüsslich und langsam ein köstliches Getränk zu trinken. Sie saugen intensiv die Luft ein. Ganz langsam und genussvoll. Dann mit einem genüsslichen „Mmmmmm…“ ausatmen – wie köstlich dieses Getränk geschmeckt hat. Die Strohhalm-Atmung wird noch zwei Mal wiederholt. Angenehme Ruhe ist im Körper zu spüren.

Material

ggfs. ein Strohhalm für jedes Kind

Ziehharmonika

Die Kinder stellen sich aufrecht hin. Sie stellen sich vor, dass sie in Brusthöhe vor ihrem Körper eine kleine Ziehharmonika halten. Sie ziehen die Ziehharmonika nun weit auseinander und breiten dabei ihre Arme nach rechts und nach links aus. Dabei atmen sie tief ein.
Danach drücken sie die Ziehharmonika langsam wieder zusammen und schließen ihre Arme dabei vor ihrem Brustkorb. Die Luft kann langsam entweichen. Dabei atmen sie langsam und gut aus.
Die Öffnung des Brustkorbes und die langsamen Armbewegungen werden als angenehme Ruheimpulse wahrgenommen.

Was pfeifst du da?

Pfeifen gehört zu den lustigsten Atemübungen. Die Kinder gehen paarweise zusammen. Ein Kind pfeift dem anderen sein Lieblingslied vor. Das andere Kind versucht das Lied zu erraten. Danach wird gewechselt. Pfeifen ist Jogging für Mund, Wangen und Zunge. Die Entspannung der Kiefermuskulatur und der Kiefergelenke wird bis in die Emotionsareale des Gehirns weitergeleitet. Durch das verlangsamte Ausatmen kehrt Ruhe und Freude ein.
Am Schluss stellen sich alle im Kreis auf und pfeifen gemeinsam ein Abschlusslied.

Schnellentspannung über Nasenatmung

Diese Atemübung wird traditionell im Yoga und im Qi Gong praktiziert. Sie ist ganz einfach anzuwenden. Sie führt innerhalb weniger Minuten zu einer Beruhigung der Atemfrequenz und damit zur Beruhigung des vegetativen Nervensystems.
Eine ideale Atemübung für zwischendurch, um zu entspannen, Ruhe, Kraft und Energie zu tanken, aber auch zur Beruhigung bei Nervosität, Gereiztheit, Ärger und Ängsten. Die Kinder verschließen mit dem Daumen der rechten Hand das rechte Nasenloch. Sie atmen nur über das linke Nasenloch ein und aus. Anschließend spüren sie nach, wie es ihnen jetzt geht. Die Nasenatmung ist auch als Vorbereitung auf eine Entspannungsübung geeignet.

Lachen entspannt

Lachen ist eine lustige Atemübung. Der Klang des Lachens berührt uns wohl immer wieder sehr tief. Und wenn mal so richtig toll gelacht wird, geht anschließend gleich alles wieder leichter von der Hand. Die Kinder liegen auf dem Rücken am Boden im Kreis. Jedes Kind legt seinen Kopf auf den Bauch seines linken Nachbarn. Sobald ein Kind zu lachen beginnt, pflanzt sich das Lachen durch die ganze Reihe fort. Und weil sich das so lustig anfühlt, müssen alle immer weiter lachen. Das ergibt ein ausgelassenes Lachkonzert.

17

Die Blumenatmung

Die Kinder halten ihre Hände vor ihrem Herzen, Handflächen zueinander gedreht. Bei Einatmen öffnen sie ihre Hände, die Handgelenke bleiben aber beieinander. So als würden sich die Blüten einer Blume öffnen. Beim Ausatmen schließen sie die Hände wieder, die Blütenblätter schließen sich. Am besten langsam atmen und vor allem lange ausatmen.

Besonders schön wird die Blumenatmung, wenn ein Chiffontuch zwischen den Handflächen zusammengeknüllt und versteckt wird. Beim Einatmen öffnen sich wieder die Hände, das Chiffontuch, das die Blume darstellt, entfaltet sich. Beim Schließen der Hände während des Ausatmens verschwindet das Chiffontuch wieder zwischen den Handflächen.

Stehen die Kinder dabei im Kreis und halten unterschiedliche Farben von Chiffontüchern in ihren Händen, entsteht ein besonders schönes Bild.

Material

ggfs. für jedes Kind ein Chiffontuch

Energie schlürfen

Auch Müdigkeit kann oft zu Unruhe und Stress führen, vor allem dann, wenn wir uns eigentlich konzentrieren sollten. Kommt starke Müdigkeit bei den Kindern auf, können wir unseren Energietank wieder mit neuer Energie füllen. Die Kinder formen ihre Hände vor ihrem Körper zu einer Schale. Sie füllen gedanklich die Schale mit Energie. Nun heben sie die Schale zu ihrem Mund und legen die Hände an ihre Lippen. Sie schlürfen langsam und geräuschvoll, so dass es jeder hören kann, die Energie aus der Schale. Danach legen sie ihre Hände auf ihren Unterbauch und spüren, wie die Energie dort ankommt und sich angenehm im Bauchraum ausbreitet.

Am besten werden die Bewegungen sehr langsam ausgeführt. Diese achtsame Pause zwischendurch hilft dem Gehirn und dem Nervensystem sich zu regenerieren und zu neuer Energie zu finden.

Gorilla-Atmung

Gorillas sind starke Tiere. Sie zeigen ihre Stärke, indem sie sich auf ihren Brustkorb trommeln. Bei dieser Atemübung darf es ruhig auch mal lauter zugehen. Dafür fühlen sich danach alle entspannt und das Lernen gelingt wieder leichter.
Die Kinder stellen sich vor, sie seien ein starker Gorilla. Sie atmen tief ein. Beim Ausatmen brüllen sie wie ein Gorilla und trommeln sich dabei auf den Brustkorb. Dadurch wird der ganze Körper gelockert. Durch das Brüllen lösen sich mentale Anspannungen und nach der Atemübung breitet sich eine angenehme Entspannung im Körper aus.

Entspannen über den Rücken

Rücken-Beat

Die Kinder gehen paarweise zusammen. Ein Kind steht oder sitzt vor dem anderen. Das hintere Kind berührt den Rücken des vorderen Kindes. Nun klopft das hintere Kind sanft zwischen ein und zehn Mal auf den Rücken seines Partners. Danach klatscht das vordere Kind genau so oft in seine Hände.

Variante

Das hintere Kind klopft einen Rhythmus auf den Rücken, den das vordere Kind mit seinen Händen nachklatscht.

Schildkröte

Die Kinder gehen paarweise zusammen. Ein Kind setzt sich auf den Stuhl. Es legt den Oberkörper auf die Oberschenkel, die Arme hängen locker hinunter. Das andere Kind drückt mit einer Hand im oberen Bereich des Rückens auf den Rücken, dem „Panzer“ der Schildkröte. Die „Schildkröte“ versucht nun mit Gegendruck, die Hand des Partners nach oben „wegzustoßen“.

22

Ein Kunstwerk

Die Kinder gehen paarweise zusammen. Sehr schön ist es auch, wenn Igelbälle verwendet werden, falls welche vorhanden sind. Dieses Massagespiel funktioniert auch im Klassenzimmer an den Schülerpulten. Das vordere Kind dreht seinen Stuhl um und lehnt sich mit der Vorderseite seines Oberkörpers an die Stuhllehne.
Das hintere Kind malt mit seinen Fingern und Händen ein Kunstwerk auf den Rücken des Partners. Zuerst braucht das Bild einen großen Rahmen,.dann vielleicht einen Himmel, die Sonne, einen Berg oder See. Es können ebenso die Grashalme auf der Wiese mit den Fingern auf den Rücken getupft werden.

Material

ggfs. Igelball für jedes Paar

Tennisballmassage

24

Die Kinder gehen paarweise zusammen. Jedes Paar erhält einen Tennisball. Sehr schön ist es auch, wenn Igelbälle verwendet werden, falls welche vorhanden sind. Dieses Massagespiel funktioniert auch im Klassenzimmer an den Schülerpulten.

Das vordere Kind dreht seinen Stuhl um und lehnt sich mit der Vorderseite seines Oberkörpers an die Stuhllehne. Das hintere Kind führt die Tennisballmassage aus, indem es den Rücken, den Nacken und die Arme des Partners massiert. Das vordere Kind darf Wünsche äußern, wie „fester, lockerer, schneller oder langsamer“ oder auch die Stellen wählen, an denen es massiert werden möchte.

Variante:

Jedes Kind bekommt einen Tennisball. Es sucht sich damit einen Platz an der Wand. Der Tennisball wird zwischen Wand und Rücken geklemmt und damit der eigene Rücken massiert. Auf und ab, hin und her. Jedes Kind bestimmt selbst, mit welchem Druck es den eigenen Rücken massieren möchte.

Material

Tennisball oder Igelball für jedes Paar

Steinmassage

Die Kinder gehen paarweise zusammen. Ein Korb mit Steinen wird herumgereicht. Dieses Material bietet ein vielfältiges Massage-Erlebnis auf dem Rücken der Kinder. Ein Kind liegt auf dem Bauch oder lehnt seinen Oberkörper über die Stuhllehne des umgedrehten Stuhles. Das andere Kind führt die Massage aus. Der Stein wird von den Massierenden etwas in den Händen erwärmt. Zuvor wird besprochen, dass wenig Druck ausreicht, während die Steine am Rücken bewegt werden. Es sollte mit kleinen, langsamen Bewegungen gearbeitet werden, möglichst kreisend.
Die Spielleitung gibt Ideen vor, an welchen Stellen massiert werden kann:

- Am Rücken rechts und links neben der Wirbelsäule
- Im Schulterbereich
- An den Armen entlang hinauf und hinunter
- Auch die Beine hoch und runter können einbezogen werden

Material

Ein Korb mit einem Stein für jedes Kind

Stille Post

Jedes Kind dreht seinen Stuhl nach rechts, so dass jeder nun den Rücken seines rechten Nachbarn vor sich hat. Es wäre gut, wenn alle Kinder die Augen schließen. Das erste Kind in der Reihe klopft so leise wie möglich seinem Nachbarn einen (einfachen) Rhythmus auf den Rücken, streicht einige Male über den Rücken, lässt seine Fingerspitzen auf den Rücken klopfen o.ä. Wer das Signal auf den Rücken geklopft bekommt, öffnet die Augen und gibt den Rhythmus weiter. Kommt der Rhythmus unverändert an den Ausgangspunkt zurück?

Pizza backen

Die Kinder gehen paarweise zusammen. Dieses Massagespiel funktioniert auch im Klassenzimmer an den Schülerpulten. Das vordere Kind dreht seinen Stuhl um und lehnt sich mit der Vorderseite seines Oberkörpers an die Stuhllehne. Das hintere Kind ist der Pizzabäcker und massiert den Rücken des Partners.

- Pizzateig kneten: Der Rücken wird nun sanft geknetet.
- Der Teig wird ausgerollt: Mit den Unterarmen von innen nach außen streichen.
- Tomatensauce wird verteilt: Fließende Streichbewegungen über den Rücken machen.
- Die Pizza wird belegt mit Mais und Champignons: Mit den Handflächen auf den Rücken drücken.
- Der Käse wird verstreut: Mit den Fingerspitzen tippende Bewegungen ausführen.
- Die Pizza wird in den warmen Ofen geschoben: Hände aneinander reiben und abschließend auf den Rücken legen.

Autowaschstraße

Das Auto ist ziemlich schmutzig und muss gewaschen werden. Die Kinder gehen paarweise zusammen. Dieses Massagespiel funktioniert auch im Klassenzimmer an den Schülerpulten. Das vordere Kind dreht seinen Stuhl um und lehnt sich mit der Vorderseite seines Oberkörpers an die Stuhllehne. Das hintere Kind spielt die Autowaschstraße und massiert den Rücken des Partners.

- Das Auto fährt in die Waschstraße: mit beiden Händen von unten nach oben über den Rücken fahren
- Es wird mit viel Wasser nass gespritzt: mit allen Fingern über den Rücken tippen
- Dann wird es gut eingeseift: mit beiden Händen den Rücken „einseifen“
- Die Seife muss mit Wasser abgespült werden: mit allen Fingern über den Rücken tippen
- Das Auto wird trockengeföhnt: Hände aneinander reiben und auf den Rücken legen
- Das Auto ist sauber und fährt aus der Waschstraße wieder hinaus: mit beiden Händen von oben nach unten über den Rücken fahren und den Rücken sanft ausstreichen

Auf der Frühlingswiese

Auf der Frühlingswiese wächst eine kleine Blumenzwiebel zu einem kleinen Spross, bis die kleine Blume ihre Blätter der Sonne entgegenstreckt. Dieses Massagespiel funktioniert auch im Klassenzimmer an den Schülerpulten. Das vordere Kind dreht seinen Stuhl um und lehnt sich mit der Vorderseite seines Oberkörpers an die Stuhllehne.

- Eine Blumenzwiebel ruht tief in der Erde: Die Hand zur Faust zusammenballen und mit etwas Druck auf den Rücken legen.
- Der kalte Winter geht zu Ende, die kleine Blumenzwiebel beginnt zu keimen: Mit einem Finger von unten nach oben streichen.
- Die Sonne wärmt den kleinen Spross, so dass er gut weiterwachsen kann: Hände aneinander reiben und auf den Rücken legen.
- Es wird immer wärmer und die Blume bekommt nun ihre ersten Blätter: Die Blätter der Blume sternförmig nach außen auf den Rücken malen
- Die Blume erfreut sich am Leben und schaukelt im Wind sanft hin und her: Beide Handflächen am Rücken sanft hin und her streichen

Qi Gong Paarmassage – Wettermassage

Die Kinder gehen paarweise zusammen. Dieses Massagespiel funktioniert auch an den Schülerpulten im Klassenzimmer. Das vordere Kind dreht seinen Stuhl um und lehnt sich mit der Vorderseite seines Oberkörpers an die Stuhllehne.
Die Spielleitung leitet die Massage an. Das hintere Kind führt folgende Bewegungen an seinem Partnerkind durch:

- Kräftiges Abklopfen am oberen Rücken
- Zum unteren Rücken gehen und abklopfen und wieder hinauf zum oberen Rücken
- Die Arme von oben nach unten zu den Händen abklopfen
- Die Beine von oben nach unten hin abklopfen
- Den Körper dreimal vom oberen Rücken zu den Füssen hin abstreifen
- Das Gleiche kann noch einmal gemacht werden, evtl. mit unterschiedlichen Geschwindigkeiten experimentieren, mal langsam, mal schnell...

Variante

Die Qi Gong Massage kann in eine Regengeschichte verpackt werden. Die Klopfbewegungen stellen die Regentropfen dar. Zuerst regnet es nur wenig, dann immer kräftiger. Es regnet am Rücken, den Armen, den Beinen und am Ende kommt wieder die Sonne – dreimal den Körper von oben nach unten ausstreichen.

Entspannen über die Sinne

Die stille Minute

Die Kinder sitzen auf ihren Stühlen. Die Spielleitung öffnet das Fenster. Das Signal einer Triangel oder Zimbel dient als Zeichen, dass „die stille Minute“ beginnt. In der folgenden Minute sitzen die Kinder mit aufrechter Haltung auf ihrem Platz, nehmen ihren Atem wahr und lauschen den Geräuschen, die sie durch das geöffnete Fenster hören können. Die Minute wird wieder mit dem Signal der Triangel oder Zimbel wieder beendet.
Alle öffnen die Augen, atmen tief durch, erzählen, schreiben auf oder malen, welche Geräusche sie wahrgenommen haben und wodurch sie wohl verursacht wurden, beispielsweise ein fahrendes Auto, Vogelstimmen, Hundegebell, ein schreiendes Baby, Glockenläuten und ähnliches.

Material

Eine Triangel oder Zimbel

Nach innen lauschen

Im Körper können verschiedenste Geräusche wahrgenommen werden. Was können wir hören, wenn wir in uns hineinlauschen? Was müssen wir unternehmen, damit wir diese Klänge besser entdecken können? Durch das bewusste „nach innen lauschen“ wird nicht nur die Körperwahrnehmung geschult, sondern auch ein achtsamer Umgang mit sich selbst gefördert sowie innere Ruhe erlebt. Die Kinder halten sich ihre Ohren zu oder verschließen ein Ohr mit einem Becher. Wenn sie in sich hineinhorchen, entdecken sie noch vieles, was sonst meist unbemerkt bleibt. Schlucken, Atmen, Geräusche von den Zähnen oder der Zunge, klopfen, rauschen, pochen.

Variante

Wenn die Kinder zu zweit zusammen gehen, kann ein Kind sein Ohr auf den Brustkorb des anderen Kindes legen. Wer hört das Herz des anderen schlagen?

Geräusche weitergeben

Die Kinder sitzen im Stuhlkreis. Beginnen Sie damit, ein Geräusch, das sie selbst erzeugen, im Kreis „herumzugeben“. Zum Beispiel prusten Sie mit Ihrem Mund oder patschen auf ihre Oberschenkel und geben Sie dieses Geräusch dem linken Nachbarn weiter, der es dann an den nächsten Nachbarn weitergibt. Als nächstes lässt sich ein Kind ein Geräusch einfallen, dass im Kreis „herumgegeben“ wird.
Alles Mögliche kann im Kreis herumgegeben werden, wie z.B. ein Klatscher, ein Ton, das Pfeifen eines Liedes... Der Fantasie sind dabei keine Grenzen gesetzt.

Orangenduft

Über die Aktivierung des Geruchssinns kann rasch Entspannung herbeigeführt werden. Die Spielleitung wählt einen Geruch, den die Kinder gerne annehmen, wie den Duft einer Orange. Dazu wird eine Orange in der Mitte auseinandergeschnitten und die beiden Hälften im Kreis herumgereicht. Der beruhigende und zugleich stimmungsaufhellende Geruch der Orange wird über die Nase genussvoll und langsam eingeatmet. Die Wirkung zieht über die Riechschleimhaut der Nase direkt in das Gehirn.

34

Variante

Die Kinder gehen paarweise zusammen. Jedes Paar erhält eine Orangenspalte. Ein Kind schließt die Augen. Das andere Kind führt das „blinde" Kind mit Hilfe des Duftes der Orange im Raum herum. Das blinde Kind versucht sich rein über den Geruchssinn zu orientieren. Danach wird gewechselt.

Material

Orange

Wie lange hörst du den Klang?

Die Kinder machen es sich auf ihrem Stuhl bequem. Die Spielleitung spielt die Triangel an. Die Kinder werden eingeladen, ihre Augen zu schließen und dem Klang in die Stille zu folgen. Während die Kinder dem sanften Klang der Triangel lauschen, wird es ganz ruhig im Raum. Erst nachdem nichts mehr zu hören ist, werden die Augen wieder geöffnet.

Variante

Die Kinder schließen ihre Augen, die Spielleitung spielt die Triangel an und die Kinder lauschen dem Klang in die Stille nach. Wer den Klang nicht mehr hören kann, hebt seine Hand.

Material

Triangel oder einen anderen „Langklinger“

Hörst du die Stecknadel fallen?

Bei diesem Spiel wird es so leise, dass wir im wahrsten Sinne des Wortes sogar eine Stecknadel fallen hören können. Die Kinder setzen sich um einen Tisch. Die Spielleitung nimmt eine Stecknadel zur Hand. Die Kinder werden eingeladen, ruhig zu werden. Die Spielleitung lässt die Stecknadel auf die Tischplatte fallen. Wer kann dieses leise Geräusch hören? Gibt es einen Unterschied, ob mit geschlossenen oder offenen Augen gelauscht wird?

Variante

Die Kinder rutschen mit ihren Stühlen noch ein Stück weiter weg vom Tisch. Wer kann die auffallende Stecknadel jetzt noch auf der Tischplatte hören?

Material

Stecknadel

Was fühlst du denn?

Die Kinder gehen paarweise zusammen. Ein Kind schließt seine Augen und darf erfühlen, was ihm sein Partnerkind in die Hände legt, wie z.B. einen Bleistift, ein Heft, ein Federmäppchen, einen Radiergummi usw. Es wird jeweils nur ein Gegenstand in die Hände gelegt. Wurde er erraten, wird ein neuer Gegenstand gewählt. Danach wird gewechselt.

Material

Unterschiedliche Materialien am Tisch der Kinder: Bleistift, Radiergummi etc.

Das etwas andere Pausenbrot

Meistens essen wir nebenbei und unbewusst. Heute wird die Pausenbrotzeit bewusst eingeläutet und in der ersten Minute wird ganz bewusst das mitgebrachte Pausenbrot genossen. Dazu wird das Pausenbrot auf dem Tisch ausgebreitet. Die Kinder schließen ihre Augen und schmecken einfach nur, was sie in den Mund genommen haben. Wie fühlt es sich an, bewusst mit geschlossenen Augen zu essen? In der Runde wird kurz reflektiert, danach kann die „echte“ Pause beginnen.

Material

Die Pausenbrote der Kinder

Würfelspiel

Für dieses Spiel wird ein Würfel benötigt. Gemeinsam werden Bewegungen ausgewählt, die den Gleichgewichtssinn schulen, wie beispielsweise auf dem linken Bein stehen, auf dem rechten Bein stehen, auf dem linken Bein hüpfen, auf dem rechten Bein hüpfen, mit geschlossenen Beinen hüpfen, Hampelmannsprünge machen oder ähnliches. Den Kindern fallen bestimmt passende Bewegungen ein.
Nun wird jede Bewegung einer Augenzahl auf dem Würfel zugeordnet. Die Spielleitung würfelt eine Zahl und die Kinder führen die zugeordnete Bewegung aus.

Material

Würfel

Wo duftet es?

Die Kinder sitzen auf ihren Stühlen. Es werden mehrere unterschiedliche Tücher herumgereicht, wie ein Taschentuch, ein Geschirrtuch, eine Stoffwindel, ein kleines Handtuch. Die Spielleitung hat zuvor auf die Tücher einen Tropfen eines ätherischen Öls getropft. Nach der Reihe sollen die Kinder auf den unterschiedlichen Tüchern mithilfe ihres Geruchssinns den Punkt finden, worauf das Öl zuvor geträufelt wurde. Wurde der Punkt gefunden, wird das Tuch weitergereicht.

Variante

Auf die unterschiedlichen Tücher werden verschiedene ätherische Öle geträufelt. Vielleicht können manche Kinder den Duft sogar identifizieren?

Material

unterschiedlich große Tücher, ätherisches Öl (beispielsweise Orange)

Entspannen über den Energiefluss

Stark wie Tarzan

Die Kinder bewegen sich im Raum. Die Spielleitung spielt auf der Handtrommel. Die Kinder bleiben stehen, sobald die Spielleitung das Spiel auf der Trommel stoppt. Die Kinder ballen ihre Hände zu Fäusten und klopfen sich auf ihr Brustbein. Dabei geben sie Laute von sich, wie Tarzan es tat. Sobald die Spielleitung wieder auf der Trommel spielt, bewegen sich die Kinder im Raum. Beim nächsten Stopp klopfen sie wieder auf ihr Brustbein wie Tarzan usw.

- Klopfpunkt: Tyhmusdrüse
- Das Klopfen der Thymusdrüse, so wie Tarzan es machte
- weckt die Energien des Körpers,
- stärkt das Immunsystem,
- steigert Kraft und Vitalität.

Material

Handtrommel

Ich bin ein Dirigent

Die Spielleitung macht Musik an. Die Kinder stellen sich vor, sie sind ein Dirigent und dirigieren, so wie es üblich ist, mit beiden Armen. Sie machen damit große, schwungvolle Bewegungen. Der rechte Arm macht dabei dieselben Bewegungen wie der linke Arm.

Varianten

- Die Kinder nehmen jeweils einen Stift in die linke und in die rechte Hand.
- Ein Blatt Papier wird vor die Kinder auf den Tisch gelegt. Die Bewegungen werden nun mit den Stiften direkt auf das Blatt Papier gemalt. Das Dirigierte wird sichtbar gemacht.
- Es werden lange Seidenbänder an die Stifte gebunden und damit wird dirigiert.

Material

Musik, ggfs. Stifte, Papier, lange Seidenbänder

Reißverschluss

An der Vorderseite des Oberkörpers verläuft unser Zentralmeridian. Ganz genau verläuft er auf der Körpervorderseite vom Schambein bis zur Unterlippe.
Es tut gut, den Verlauf des Zentralmeridians nachzustreichen. Vor allem ist diese Übung gut einzusetzen, wenn man ein Gefühl des Schutzes aufbauen möchte, zu neuer Energie kommen möchte oder wenn wir uns müde und niedergeschlagen fühlen.
Die Kinder stellen sich vor, sie schließen den Reißverschluss ihrer Jacke. Sie streichen mit den Händen von unten nach oben den Zentralmeridian entlang, um die Energie in die gewünschte Richtung zu bringen. Sie streichen langsam an der Vorderseite des Körpers den Zentralmeridian entlang, bis zu ihrer Unterlippe. Einige Mal wiederholen.
Die Kinder können auch etwas schneller nach oben streichen und die Streichbewegung nicht an der Unterlippe abstoppen, sondern schwungvoll weiter nach oben streichen. Die beiden Hände bei den Lippen öffnen und Richtung Himmel heben.
Beim Streichen nach oben einatmen, wenn die Hände sich Richtung Himmel öffnen, am obersten Punkt ausatmen. Gut geschützt kann der Tag beginnen.

Überkreuzbewegungen

Durch das Überkreuzen der Mittellinie des Körpers wird der Energiefluss angeregt, das Nervensystem beruhigt und die beiden Gehirnhälften miteinander verbunden.

Die Kinder stehen aufrecht locker auf ihrem Platz. Sie ziehen das linke Knie hoch und berühren es mit der rechten Hand. Danach berühren sie mit der linken Hand das hochgezogene rechte Knie. Die Bewegungen werden abwechselnd gemacht. Anfangs besser langsam als zu schnell.

Danach kann variiert werden:

- Das Knie wird mit dem Ellenbogen berührt.
- Der Fuß wird mit der Hand berührt.
- Es wird über Kreuz gehüpft.
- Storchengang: Der Arm und das gegenüberliegende Bein werden langsam nach oben bewegt.

Welche Varianten fallen den Kindern noch ein?

Stress aus den Ohren ziehen

Die Kinder stellen sich aufrecht hin. Die Kinder reiben nun ihre Hände ein paar Mal aneinander und legen sie auf die Ohren. Sie massieren nun achtsam ihre Ohrmuscheln und Ohrläppchen.

Dann stellen sich die Kinder vor, dass sie mit Zeigefinger und Daumen den Stress aus den Ohren ziehen können. Sie streichen dazu achtsam und langsam mit Zeigefinger und Daumen an ihrem Ohrläppchen – es hilft sich dabei vorzustellen, dass lange Bänder aus den Ohren gezogen werden. Wenn ein „Band“ herausgezogen wurde, dann wird ein weiteres „Band“ herausgezogen, so lange bis man das Gefühl hat, dass der ganze Stress aus den Ohren gezogen wurde. Die Kinder können sich auch vorstellen, dass die Bänder unterschiedliche Farben haben.

Durch diese Übung werden nicht nur die Ohren entspannt, sondern auch der gesamte Kopfbereich. Nach der Übung ist meist ein befreites Durchatmen die Folge und ein angenehmes Körpergefühl stellt sich ein.

Liegende Acht

Die Kinder stehen verteilt im Raum mit nach vorne gestreckten Armen und geschlossenen Händen. Sie zeichnen mit beiden Armen in Schulterhöhe eine „liegende Acht". Der Oberkörper schwingt mit, der Kopf folgt den Achterbewegungen und die Augen sind auf die Fingerspitzen gerichtet.
Es können mit den Armen auch Kreise, Dreiecke oder Vierecke gemalt werden. Die Spielleitung gibt vor, welches Symbol in die Luft gemalt werden soll. Können auch Buchstaben, Zahlen oder Wörter in die Luft gemalt werden?

46

Energiegähnen

Die Kinder legen ihre Hände links und rechts ans Kiefergelenk und massieren dieses etwas kräftiger.
Dabei tun sie so, als würden sie gähnen. Oft passiert es, dass wir bei diesem provozierten Gähnen tatsächlich zu gähnen beginnen. Dieser Effekt ist erwünscht und kann angenehme Entspannung eintreten lassen.
Wenn wir das Gähnen bewusst provozieren, entspannen wir damit unsere tiefe Kiefermuskulatur. Mehr Sauerstoff kommt ins Gehirn und mehr Energie in den gesamten Kopfbereich.

Äpfel pflücken

Der Vagusnerv, unser Entspannungsnerv im Körper, liebt es, zwischendurch gedehnt und gestreckt zu werden.
Die Kinder stellen sich vor, sie stehen vor einem Apfelbaum mit köstlichen, süßen Äpfeln. Sie hängen ganz oben am Apfelbaum. Um sie pflücken zu können, müssen sie sich dehnen und strecken. So viele Äpfel, wie möglich möchten sie erreichen.
Danach werden die Äpfel imaginär verschmaust. Hmmm, das schmeckt lecker. Die Hände werden auf den Bauch gelegt und der Bauch mit den offenen Handflächen massiert.

48

Bienensummen

Diese Übung hat ihren Ursprung im Bhramari Pranayama, der Bienenatmung, einer der effektivsten Atemtechniken im Yoga, um den menschlichen Geist zu beruhigen. Sie wird auch als Bienensummen bezeichnet.

Über den Mund lassen die Kinder einen langen, leisen Ton entstehen. Sie versuchen die Ausatmung zu verlängern, so dass der Ton ganz gleichmäßig und ruhig wird. Der Teil des Vagusnervs im Kehlkopfbereich wird dadurch stimuliert, die Energie beginnt zu fließen, innere Ruhe breitet sich aus.

Um den Effekt zu verstärken, legen die Kinder ihre Zeigefinger links und rechts in ihre Ohren.

Sie atmen ein, verschließen ihre Ohren und atmen über das Summen lange und gleichmäßig aus. Viele Bienen summen im Raum. Mehrere Male je nach Belieben wiederholen.

Neue Energie tanken

Auf den Fußsohlen befindet sich der Akupressurpunkt Niere 1, die „emporsprudelnde Quelle“. Die Kinder stehen aufrecht und stellen sich vor, sie stehen mit ihren Füßen auf einer Leiter. Genau an der Stelle, an der die Füße die Sprossen der Leiter berühren würden, befindet sich mittig der Energiepunkt.
Es gibt nun unterschiedliche Möglichkeiten, den Energiepunkt zu aktivieren:

- Die Kinder setzen sich im Schneidersitz auf den Boden und drücken mit den Daumen auf beiden Fußsohlen den Punkt.
- Im Stehen kann der Energiepunkt mit Hilfe eines Tennisballes aktiviert werden. Der Tennisball liegt am Boden, die Kinder rollen den Tennisball unter ihren Füßen.
- Mit Hilfe eines Steines kann der Energiepunkt ebenso aktiviert werden. Der Stein liegt am Boden, die Kinder steigen auf den Stein und massieren ihre Fußsohlen.

Material

ggfs. ein Tennisball oder Stein für jedes Kind

Don Bosco MiniSpielothek
Klein, fein, alles drin

ISBN 978-3-7698-2569-5

ISBN 978-3-7698-2565-7

ISBN 978-3-7698-2558-9

ISBN 978-3-7698-2559-6

ISBN 978-3-7698-2556-5

ISBN 978-3-7698-2555-8

ISBN 978-3-7698-2546-6

ISBN 978-3-7698-2545-9

ISBN 978-3-7698-2540-4